# TABLEAUX ANCIENS.

## COLLECTION

DE

## M. LE COMTE DE TORCY.

### Vente le lundi 23 Mars 1857.

EXPOSITION PARTICULIÈRE
Le Samedi 21 Mars.

EXPOSITION PUBLIQUE
Le Dimanche 22 Mars.

M<sup>e</sup> Charles PILLET, Commissaire-Priseur
MM. Henri COUSIN, Experts-Appréciateurs.

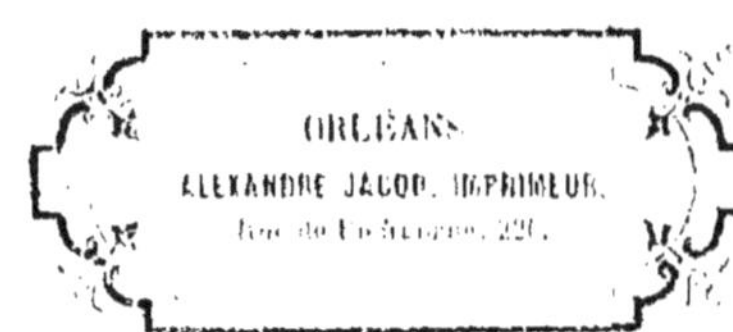

ORLÉANS
ALEXANDRE JACOB, IMPRIMEUR,
Rue de la Hallebarde, 226.

# CATALOGUE

DE LA

COLLECTION

DE

# TABLEAUX

## ANCIENS,

DES ÉCOLES ITALIENNE, FLAMANDE, HOLLANDAISE ET FRANÇAISE,

COMPOSANT

## LE CABINET DE M. LE COMTE DE TORCY,

DONT LA VENTE AURA LIEU

### A PARIS,

HOTEL DES VENTES MOBILIÈRES, RUE DROUOT, 5,

Grande Salle, n° 5, (2ᵉ)

## Le Lundi 23 Mars 1857,

Par le ministère de Mᵉ CHARLES **PILLET**, sucᵣ de M. BONNEFONS DE LAVIALLE, Commissaire-Priseur, rue de Choiseul, 11,

Assisté de MM. HENRI **COUSIN**, père et fils, Experts-Appréciateurs, rue des Martyrs, 27,

*Chez lesquels se distribue le Catalogue.*

---

**EXPOSITION PARTICULIÈRE** le samedi 21 mars 1857.

**EXPOSITION PUBLIQUE** le dimanche 22, veille de la vente.

# CONDITIONS DE LA VENTE.

Elle sera faite au comptant.

Les acquéreurs paieront cinq pour cent en sus des adjudications.

# CE CATALOGUE SE DISTRIBUE :

## A PARIS.

Chez M<sup>e</sup> Charles PILLET, Commissaire-Priseur, rue de Choiseul, 11.
M. COUSIN, Expert, rue des Martyrs, 27.

## DANS LES DÉPARTEMENTS.

### CHEZ

|  |  |
|---|---|
| Amiens........ | MM. HACBECT jeune (V<sup>e</sup>). |
| Angers........ | MARIE, Commissaire-Priseur. |
| Bordeaux.... | PASQUIER, Cours du 30 Juillet. |
| Caen......... | BOUCHARD, libraire. |
| Grenoble..... | ROLAND, Conservateur du Musée. |
| Lille......... | TENCÉ, Marchand de Tableaux. |
| Lyon......... | HOETH, Marchand d'Estampes. |
| Marseille..... | LAZARD, Marchand d'Objets d'Art. |
| Montpellier.. | ROGER, Marchand d'Objets d'Art. |
| Nancy........ | LAZARD-LÉVY, Marchand de Tableaux. |
| Nantes....... | LELIÈVRE, place du Bon-Pasteur. |
| Orléans...... | BATAILLE, Marchand d'Objets d'Art. |
| Rouen........ | BILLARD, Marchand de Curiosités. |
| Strasbourg... | TREUTTEL et WURTZ, Libraires. |
| Toulouse..... | AVANZO frères, Marchand d'Estampes |

## ANGLETERRE.

| | |
|---|---|
| Londres...... | MM. CHRISTIE et MANSON, King street, Saint-James square.<br>SMITH fils, 137, New Bond street.<br>FARRER, Wardour street.<br>MAWSON, 3, Berners street, Oxford street.<br>COLNAGHI, marchand d'Estampes. |
| Édimbourg.. | BLANCK, Libraire. |
| Dublin....... | WATTKINS, Marchand de Tableaux. |

## BELGIQUE.

| | |
|---|---|
| Bruxelles.... | MM. HENIS.<br>ET. LEROY. |

## HOLLANDE.

|  |  |
|---|---|
| **Amsterdam..** | MM. Brondgheest, heeren Graght, 30. |
|  | Dewries. |
| **La Haye......** | Enthoven, Plein, 211. |
| **Rotterdam...** | Lamme. |

## ALLEMAGNE.

|  |  |
|---|---|
| **Berlin........** | MM. Sachsé et Ce. |
| **Dresde.......** | Arnold, Marchand d'Estampes. |
| **Dusseldorf...** | E. Schulte. |
| **Francfort s.M.** | E. Kolbacher. |
| **Hambourg...** | W. Becker. |
| **Leipzig......** | P. del Vecchio. |
| **Mannheim...** | Artaria et Fontaine. |
| **Munich.......** | Brulliot, Conservateur du Musée. |
| **Stuttgard....** | C. Antenrieth. |
| **Vienne.......** | Artaria et Ce. |
| **Cologne......** | Bourgeois, Marchand de Tableaux. |

## ITALIE.

|  |  |
|---|---|
| **Florence.....** | MM. Giuseppe Bardi. |
| **Milan........** | G. Vallardi, rue Sainte-Marguerite. |
| **Naples.......** | Dufresne, Libraire. |
| **Turin........** | Maggi, Marchand d'Objets d'Art. |

## RUSSIE.

|  |  |
|---|---|
| **St-Pétersbourg** | MM. Von Regmorter. |
|  | Velten. |
| **Moscou......** | Mme Ve Gauthier et fils, Libraires. |

# AVERTISSEMENT.

Nous vivons à une époque où le nombre des amateurs augmente chaque jour. L'amour des beaux-arts est tellement répandu parmi nous, que l'annonce d'une grande vente suffit pour attirer un concours empressé. Bien que la plupart des anciens cabinets connus par leur richesse artistique soient aujourd'hui dispersés, il s'en est formé quelques autres qui, pour être moins importants, n'en méritent pas moins toute l'attention de nos amateurs. Celui de M. le comte de Torcy, sera, nous l'espérons, favorablement accueilli.

Les ventes journalières composées de tableaux souvent très-médiocres, auraient fini par perdre toute faveur, si de temps à autre, quelque riche collection ne venait rompre la monotonie et rallumer le feu sacré.

Le précieux cabinet que nous allons mettre en vente, n'a été formé qu'après de longues recherches et par une étude approfondie des maîtres des écoles flamande, française et italienne. Homme de goût, M. de Torcy s'est trouvé à même, par ses nombreuses relations et ses fréquents voyages, de réunir une charmante collection. Composée des maîtres de toutes les écoles, elle satisfera

les plus difficiles. Ces tableaux piquants, qui charment par
la grâce de la composition et par une exécution irrépro-
chable, sont, pour la plupart, de petite dimension. Les
uns rappellent les riches pâturages de la Hollande et les
scènes de cabaret pétillantes de gaîté. Les autres vous
font assister au spectacle grandiose de la mer. Puis on
remarque les chauds paysages d'Italie, et les sujets de
sainteté traités avec cette distinction et cette pureté de
lignes qui distinguent Raphaël et son école. Les peintres français se présentent ensuite avec le cortége accou-
tumé des grâces et des ris.

Nous ne voulons pas anticiper ici sur le catalogue et
faire une pompeuse nomenclature, qui, d'abord flatteuse à
l'oreille, ne trouve plus qu'un public froid et désillusionné.
La réclame a fait son temps, et les amateurs trop souvent
surpris par des éloges intéressés, se tiennent sur la ré-
serve et n'achètent qu'en connaissance de cause. Aussi
nous sommes-nous bornés à décrire simplement le tableau,
en en donnant les dimensions. Nous croyons toutefois
devoir faire une exception en faveur d'un très-petit nombre et nous allons en dire ici quelques mots.

Parlons d'abord du Raphaël. Cette belle *Sainte-Famille*
est pleine d'un charme inexprimable. Nous ne savons ce
qu'on doit le plus admirer de la noblesse des têtes, de la
délicatesse d'exécution ou de cette grandeur de composition si simple et si majestueuse à la fois. Raphaël est le
seul dont le génie ait su allier si bien l'idée chrétienne à
la perfection de l'art. Aussi ses œuvres sont-elles d'une
jeunesse éternelle. Le *Saint Jean-Baptiste* d'André del
Sarte est un morceau plein de vigueur et de grâce en

même temps, le dessin est digne de Raphaël et la couleur du Titien ; son sourire fait un instant penser au Corrège ; mais le dessin et surtout la fermeté de la touche, rappellent bien le premier de ces grands maîtres.

La *Sainte-Famille* de Verochio mérite aussi l'attention des amateurs. On sait que ce peintre célèbre compta parmi ses élèves, le Pérugin et Léonard de Vinci.

Nous ne devons pas oublier *Jupiter* et *Antiope* d'Annibal Carrache.

Citons encore deux belles reproductions des fresques de la Farnésine, par Carle Maratte. Ce peintre, chargé de la tâche difficile de retoucher l'œuvre de Raphaël, donna au ciel cette teinte sombre que l'on remarque ici.

Dans l'école flamande, nous avons à mentionner le paysage de Jean Both ; une *Cour d'Hôtellerie* par K. du Jardin ; des *Vaches* d'Albert Cuyp; une ravissante esquisse de Van Dyck et le portrait de *Don Juan d'Autriche*, par Antonio Moro.

L'on doit aussi remarquer un petit paysage de Ruysdael, véritable chef-d'œuvre orné de délicieuses figures; une *Sainte-Famille* de Schalken ; un portrait de *Vander Werff* et le *Retour de Chasse* par Van Huysum.

Teniers, Pierre de Laar, surnommé *Bamboche*, Arnould de Gelder sont aussi très-bien représentés.

Dans l'école française, on remarque Mignard, Joseph Vernet, Challe et Taunay.

Ce qui distingue cette collection, outre le mérite des œuvres, c'est le soin scrupuleux que l'amateur a mis à conserver ses tableaux dans leur état primitif. Jamais le pinceau du restaurateur n'a cherché à corriger le travail du temps, et le vernis, en vieillissant sur ces toiles, leur a donné cette teinte dorée qui ajoute encore à la poésie de l'art.

H. COUSIN fils.

# DÉSIGNATION

# DES TABLEAUX.

## ÉCOLE ITALIENNE.

### BARBIERI, dit LE GUERCHIN,
Né à Cento en 1590, mort en 1666.

1. — Une Sybille inspirée.

Toile. Haut. 0 m. 23, larg. 0 m. 20.

### BARROCCIO (Frederico),
Né à Urbin en 1528, mort en 1612.

2. — Sainte-Famille connue sous le nom de la Vierge-aux-Cerises.

Ce tableau, selon Lanzi, a été peint pour la sacristie des Jésuites de Pérouse. On y joint l'estampe à l'eau forte.

Marbre. Haut. 0 m. 80, larg. 0 m. 23.

### CARRACHE (Annibal),
Né à Bologne en 1560, mort à Rome en 1609.

3. —

Jupiter prend la forme d'un Satyre pour séduire Antiope.

Cuivre. Haut. 0 m. 28, larg. 0 m. 19.

## CIGNANI (Carlo),
Né à Bologne en 1628, mort en 1715.

4. — Une Madeleine.

Toile. Haut. 1 m. 00, larg. 0 m. 84.

## DOLCI (Agnès),
Vivait en 1686.

5. — Sainte Madeleine.

Toile. Haut. 0 m. 51, larg. 0 m. 46.

## DOSSI DOSSO,
Mort en 1560.

6. — La Sainte-Famille.

Saint Jean offre une pomme à l'Enfant-Jésus.

Cuivre. Haut. 0 m. 24, larg. 0 m. 18.

## MANTEGNA (André),
Né en 1430, mort en 1506.

7. — La Vierge et l'Enfant-Jésus.

Toile. Haut. 0 m. 62, larg. 0 m. 53.

## MAZZUOLI, dit LE PARMESAN,
Né en 1503, mort en 1540.

8. — L'Adoration des Anges.

Les Anges offrent à l'Enfant-Jésus tout ce qui peut flatter ses sens. Sainte Catherine porte l'encens dans une cassolette.

Cuivre. Haut. 0 m. 30, larg. 0 m. 24.

## ORTOLANO (Benvenuto),
Né à Ferrare, vivait en 1525.

9. — Le Mariage de sainte Catherine.

Bois. Haut. 0 m. 59, larg. 0 m. 43.

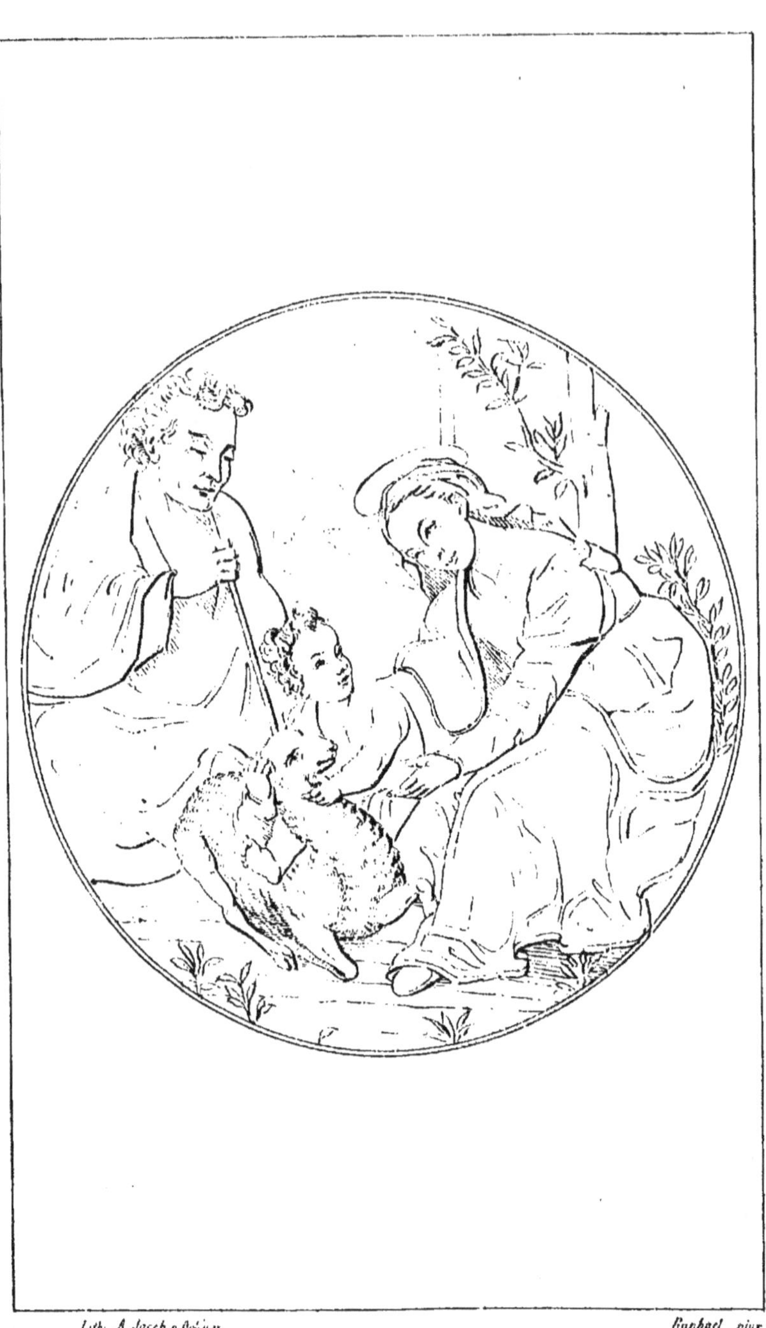



Numéro 10.

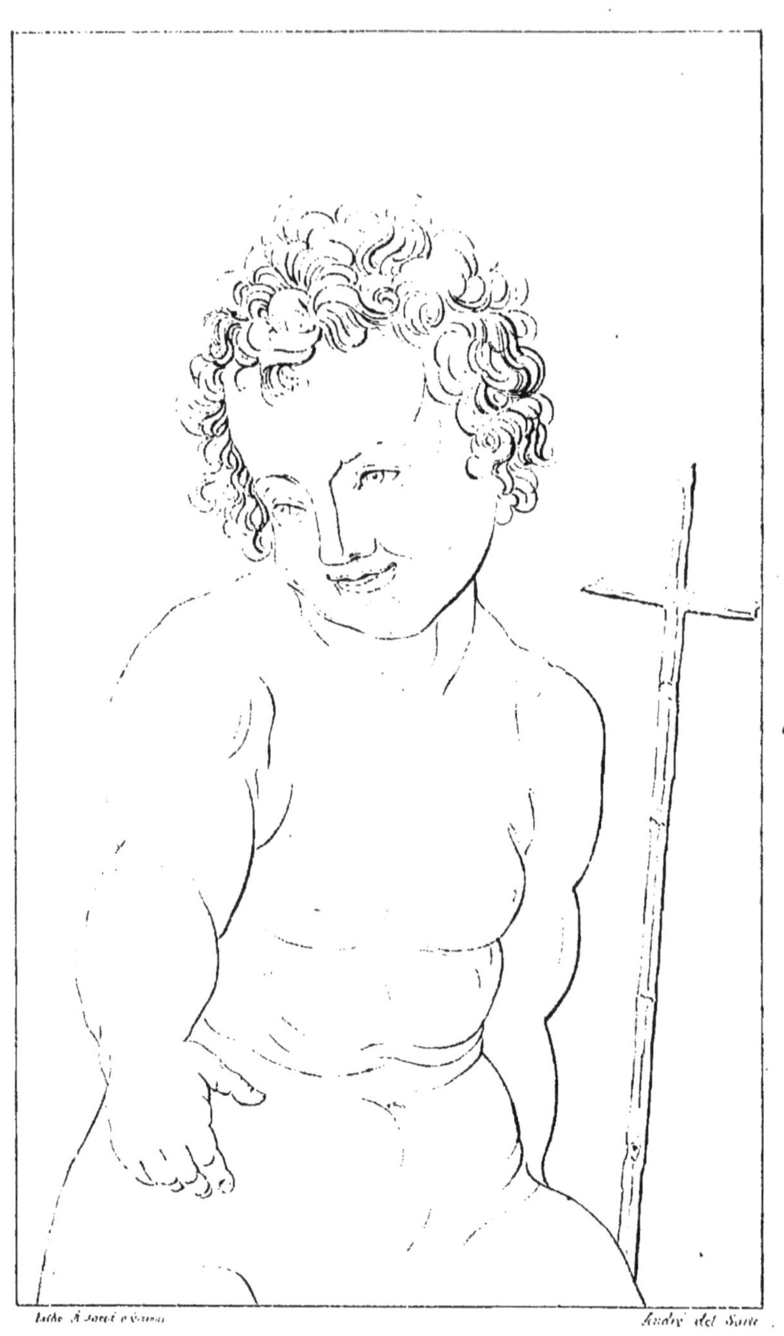

Numéro 14.

## RAPHAEL SANZIO,
Né à Urbin en 1483, mort en 1520.

**10. — Sainte-Famille.**

Saint Joseph contemple les jeux de l'Enfant divin soutenu par sa mère. La Vierge Marie, pleine d'une tendre sollicitude, dirige les premiers pas de son fils qui caresse l'agneau couché à ses pieds. Les montagnes de la Judée bornent l'horizon, et les premiers plans sont émaillés de fleurs.

Ce tableau a été peint à l'époque où Raphaël quitta le Pérugin pour aller à Florence étudier Masacio, Buonarotti, et se lier avec Léonard de Vinci. La noblesse des têtes et la candeur de la Vierge vous frappent d'admiration. Les draperies sont d'une grande simplicité, et leur belle disposition ne peut avoir été conçue que par le prince de la peinture.

Rousselet a gravé cette Sainte-Famille.

Bois. Rond. Diamètre 0 m. 03.

## RAPHAEL SANZIO (D'après).

Reproduction des fresques de la Farnésine, par Carle MARATTE.

**11. — 1° Le Banquet des Dieux, ou les Noces de Psyché.**

**12. — 2° Le Conseil des Dieux.**

L'Amour sollicite l'immortalité pour Psyché.

Toile. Haut. 0 m. 00, larg. 1 m. 57.

## RAPHAEL SANZIO (D'après).

**13. — Tête de Vierge.**

Bois. Haut. 0 m. 40, larg. 0 m. 31.

## SARTE (André del),
Né à Florence en 1488, mort en 1530.

**14. — Saint Jean-Baptiste.**

L'enfant est nu et vu à demi-corps. Son sourire malin le ferait prendre pour l'Amour, s'il tenait une flèche au lieu de la croix. Le raccourci est d'une étonnante vérité.

Toile. Haut. 0 m. 53, larg. 0 m. 40.

## SARTE (André del),

**15. — La Vierge, l'Enfant-Jésus et saint Jean.**

L'expression de ce dernier est très-remarquable. Il semble pressentir les persécutions qu'éprouvera Jésus-Christ.

Bois. Haut. 0 m. 95, larg. 0 m. 78.

## TORBIDO di MORO,

Né à Vérone en 1500, mort en 1581.

**16. — Le Repos en Égypte.**

Ce peintre fut l'élève et l'héritier du Giorgione.

Toile. Haut. 0 m. 94, larg. 0 m. 74.

## TREVISANI (Francesco),

Né à Trévise en 1656, mort en 1740.

**17. — Diane et Endymion.**

Toile. Ovale. Haut. 0 m. 44, larg. 0 m. 37.

## VEROCHIO (André),

Né à Florence en 1432, mort en 1488.

**18. — Sainte-Famille.**

La Vierge, assise entre sainte Catherine et saint Joseph, offre à boire à l'Enfant-Jésus.

Bois. Rond. Diamètre 0 m. 86.

## ZAMPIERI (Dominiquino),

Né à Bologne en 1581, mort en 1641.

**19. — Saint Jean l'Évangéliste.**

Toile. Ovale. Haut. 0 m. 40, larg. 0 m. 32.

**20. — Saint Jean-Baptiste.**

Toile. Haut. 0 m. 51, larg. 0 m. 41.

# ÉCOLES FLAMANDE ET HOLLANDAISE.

## ARNOULD DE GELDER,
Né à Dort en 1645, mort en 1727.

21. — Portrait de femme à collerette.

Toile. Haut. 0 m. 44, larg. 0 m. 35.

## ASSELYN (Jean),
Né à Anvers en 1610, mort en 1660.

22. —

Des pâtres font paître leur troupeau au pied d'une tour.

Toile. Haut. 0 m. 51, larg. 0 m. 72.

## BERGEN (Thierry van),
Né à Harlem en 1610.

23. — Animaux au pâturage.

Toile. Haut. 0 m. 70, larg. 0 m. 65.

## BERNAERT,
Né à Anvers en 1608, mort en 1678.

24. — Le Joueur de Flûte.

Bois. Haut. 0 m. 18, larg. 0 m. 15.

## BLOEMEN (François van),
Né à Anvers en 1656, mort en 1740.

25. — Palefrenier soignant ses chevaux.

Toile. Haut. 0 m. 37, larg. 0 m. 27.

## BOTH (JEAN),
Né à Utrecht en 1610, mort en 1650.

**26. — Paysage.**

Des voyageurs, au sortir des montagnes, s'arrêtent à l'entrée d'un cabaret.

Ce site pittoresque est rendu avec toute la simplicité que Both apportait dans ses œuvres. Son génie se montre dans ses moindres productions, et ses figures, naturellement posées, s'accordent toujours bien avec l'ensemble du paysage.

Bois. Haut. 0 m. 54, larg. 0 m. 45.

## BRAUWER (ADRIEN),
Né à Harlem en 1608, mort en 1640.

**27. —**

Un homme assis devant une cheminée épelle une lettre. Un fumeur, le dos au feu, et un troisième personnage complètent cette composition.

Bois. Haut. 0 m. 20, larg. 0 m. 25.

## BREEMBERG (BARTHOLOMÉ),
Né à Utrecht en 1620, mort en 1660.

**28. — Vue des environs de Rome.**

Cuivre. Haut. 0 m. 32, larg. 0 m. 40.

## BRILL (PAUL),
Né à Anvers en 1550, mort en 1626.

**29. —**

Orphée charme les animaux par le son de sa lyre. (Cité dans Descamps.)

Bois. Haut. 0 m. 20, larg. 0 m. 60.

## CHAMPAIGNE (Philippe de),

Né à Bruxelles en 1602, mort en 1674.

30. — Portrait de Gabrielle de Mortemart, abbesse de Fontevrault, sœur de M<sup>me</sup> de Montespan.

Toile. Ovale. Haut. 0 m. 63, larg. 0 m. 53.


## CUYP (Albert),

Né à Dort en 1606, mort en 1664.

31. —

Trois vaches paissent dans une prairie, au pied des ruines. L'une d'elles se tient debout auprès de ses compagnes couchées sur l'herbe.

Ce tableau capital est digne du grand maître qui excella à peindre les animaux.

Bois. Haut. 0 m. 50, larg. 0 m. 59.


## CUYP (Jacques),

Né à Dordrecht en 1575.

32. — Une Famille hollandaise, une Brebis et un jeune Chien.

Bois. Haut. 0 m. 87, larg. 1 m. 05.


## DIETRICH (Christian),

Né à Weymar en 1712, mort en 1774.

33. — Abraham renvoyant Agar.

Bois. Haut. 0 m. 49, larg. 0 m. 56.


## DIETRICH (Christian).

34. — Tête de Vieillard.

Bois. Haut. 0 m. 21, larg. 0 m. 18.

## DOES (SIMON VAN DER),
Né en 1655.

**55. — Jeune Fille gardant des moutons.**

Toile. Haut. 0 m. 39, larg. 0 m. 48.

## DYCK (ANTOINE VAN),
Né à Anvers en 1599, mort à Londres en 1640.

**56. — Un Suivant de Mars.**

Telle est la désignation sous laquelle est connue cette charmante production. C'est, selon nous, une des pièces capitales de la collection. La grâce et le coloris atteignent leurs limites dans cette esquisse. L'artiste a reproduit dans un tableau célèbre cette figure enfantine, qui nous paraît être la première inspiration du maître. Si Van Dick égala quelquefois Rubens par la couleur, il lui est souvent supérieur par la distinction que l'on trouve dans toutes ses œuvres.

Toile. Haut. 0 m. 48, larg. 0 m. 32.

## DYCK (ANTOINE VAN),

**57. — Le Christ-au-Roseau.**

Ce tableau est la réduction de celui de l'église d'Anvers. Deux eaux fortes également rares, l'une de Van Dyck, l'autre de Bolswert, font partie de la vente.

Bois. Haut. 0 m. 77, larg. 0 m. 62.

## FALENS (CHARLES VAN),
Né à Anvers en 1680, mort à Paris en 1752.

**58. —**

Un paysan vient rattacher le mors du cheval d'une jeune dame. Ce sujet de chasse est traité dans la manière de Philippe Wouwermans.

Bois. Haut. 0 m. 55, larg. 0 m. 51.

## HAKKERT (JEAN),
Né à Amsterdam, vivait en 1656.

**59. — Scène de Paysans à l'entrée d'une Forêt.**

Toile. Haut. 0 m. 62, larg. 0 m. 46.

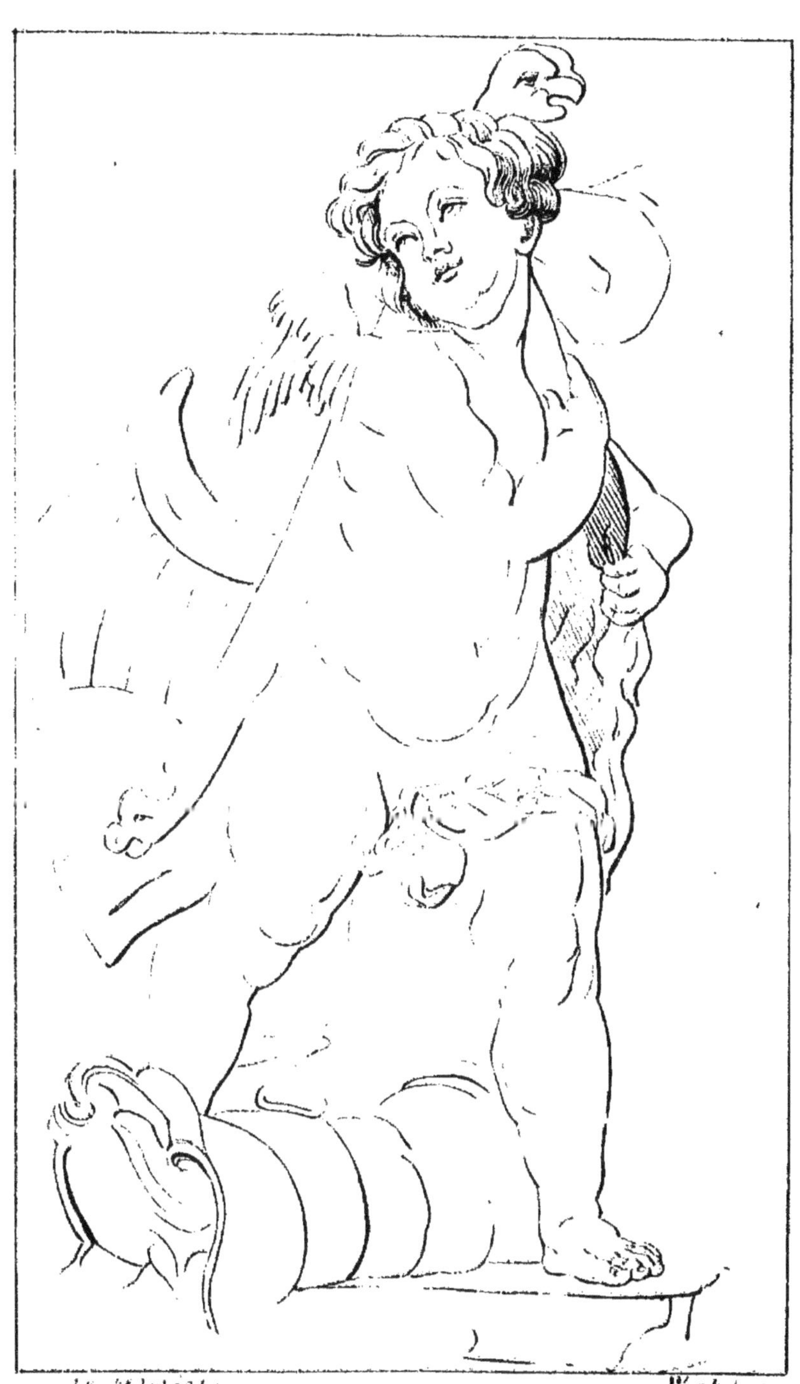

Numero 36.

## HERMAN D'ITALIE,

Né à Werden en 1620, mort à Rome en 1690.

**40. —**

Un pâtre conduit des bœufs le long d'une rivière traversée par un pont. Les montagnes de l'Apennin bornent la vue.

Toile. Haut. 0 m. 48, larg. 0 m. 77.

## HUYSUM (Jean van),

Né à Amsterdam en 1682, mort en 1749.

**41. — Le Retour de Chasse.**

Ce peintre, plus connu pour ses tableaux de fleurs, excella aussi dans le paysage.

Toile. Haut. 0 m. 31, larg. 0 m. 39.

## JARDIN (Karel du),

Né à Amsterdam en 1640, mort à Venise en 1678.

**42. — Vue de la Cour d'une Hôtellerie, en Italie.**

Des paysans dansent au son de la flûte. Une charrette, un âne et des chèvres sont au repos au pied du mur d'un couvent dont on voit les fenêtres ogivales. Au-dessus de la porte de la cour l'on aperçoit la campagne.

Cette composition est des plus séduisantes. Amant de la nature, l'artiste a surtout excellé à rendre le clair obscur et les demi-teintes. Ses personnages sont toujours pleins de mouvement et les animaux parfaitement traités. La signature de K. du Jardin se lit derrière une charrette.

Toile. Haut. 0 m. 65, larg. 0 m. 52.

## KAUFFMAN (Angelica),

**43. — Jeune Femme en prière.**

Toile. Haut. 0 m. 26, larg. 0 m. 21.

## LAAR (Pierre de), dit BAMBOCHE,

Né en 1613, mort en 1674.

**44. — Deux Mendiants à l'entrée d'une chaumière.**

Bois. Haut. 0 m. 20, larg. 0 m. 21.

## LEDUC (Jean),

Né à La Haye en 1636.

45. — Un Brigand rançonnant des Paysans.

Bois. Haut. 0 m. 40, larg. 0 m. 56.

## MAËS (Nicolas),

Né à Dort en 1632, mort en 1693.

46. — Une Femme qui travaille.

Bois. Haut. 0 m. 25, larg. 0 m. 21.

## MEURANT (Emmanuel),

Né à Amsterdam en 1622, mort en 1700.

47. — Danse villageoise au pied d'un bâtiment en ruines.

Ce maître peut être assimilé à Van der Heyden.

Toile. Haut. 0 m. 37, larg. 0 m. 46.

## MOLLSISH.

1740.

48. —

Une escadre sous pavillon anglais s'exerce en vue des côtes.

Toile. Haut. 0 m. 85, larg. 1 m. 40.

## MORO (Antonio),

Né à Utrecht en 1500.

49. — Portrait de don Juan d'Autriche.

Bois. Haut. 0 m. 45, larg. 0 m. 38.

## PALAMÈDES,

Né à Londres en 1608, mort en 1638.

50. — Choc de Cavalerie.

Bois. Haut. 0 m. 37, larg. 0 m. 67.

## RUYSDAEL (JACQUES),
### Né à Harlem en 1640, mort en 1681.

**51. —**

Une bergère file en faisant paître son troupeau dans la campagne.

Ce petit chef-d'œuvre est digne du rival d'Hobbéma. Jamais plus grande page ne fut renfermée dans un cadre aussi restreint. Les petites figures sont admirables.

Bois. Haut. 0 m. 27, larg. 0 m. 23.

## SCHALKEN (GODEFROY),
### Né à Dort en 1643, mort en 1706.

**52. — La Sainte-Famille.**

Ce tableau sort des sujets ordinaires du peintre ; mais le talent que l'artiste y a déployé le fera certainement remarquer des amateurs. L'effet de lumière est sagement rendu et rappelle Gérard Dow, bien que la touche de Schalken soit plus facile et plus large.

Cette Sainte-Famille faisait partie de la vente Lorimier.

Bois. Haut. 0 m. 21, larg. 0 m. 16.

## SEGHERS (DANIEL),
### Né à Anvers en 1590, mort en 1660.

**53. — Sainte-Famille dans un médaillon de fleurs.**

Toile. Haut. 1 m. 25, larg. 0 m. 90.

## STAVEREN (ADRIEN VAN).

**54. — Un Ermite écrivant.**

Bois. Haut. 0 m. 40, larg. 0 m. 30.

## STEEN (JEAN),
### Né à Leyde en 1636, mort en 1689.

**55. — Le *Benedicite*.**

Bois. Haut. 0 m. 35, larg. 0 m. 35.

## STEENWYCK (HENRI),
Né en 1589.

56. — Un Chimiste dans son cabinet.
Bois. Haut. 0 m. 42, larg. 0 m. 69.


## TENIERS père (DAVID),
Né à Anvers en 1582, mort en 1649.

57. —
Des paysans causent sur une route.
Bois. Haut. 0 m. 31, larg. 0 m. 45.


## TENIERS fils (DAVID),
Né à Anvers en 1610, mort à Bruxelles en 1690.

58. — La Tentation de saint Antoine.
Bois. Ovale. Haut. 0 m. 11, larg. 0 m. 08.


## VAN DER WERFF (ADRIEN),
Né en 1659, mort en 1722.

59. — Portrait de cet artiste.
Cuivre. Haut. 0 m. 30, larg. 0 m. 30.

# ÉCOLE FRANÇAISE.

## BOILLY,
Né à la Bassée en 1761.

60. — Les Porcherons.

Toile. Haut. 0 m. 51, larg. 0 m. 40.

## CHALLE (Charles),
Né à Paris en 1718, mort en 1778.

61. — Jeune Femme à sa toilette.

Bois. Haut. 0 m. 52, larg. 25.

## GREUZE (Jean-Baptiste),
Né à Tournus en 1734, mort en 1807.

62. —

Une jeune fille observe deux colombes avec une vive attention. Ce tableau est gravé.

Toile. Haut. 0 m. 59, larg. 0 m. 52.

## HUET (Nicolas),
Né à Paris en 1770.

63. — Paysage.

Toile. Haut. 0 m. 52, larg. 0 m. 40.

## LAHYRE (Laurent de),
Né à Paris en 1606, mort en 1656.

64. — La Chasse de Diane.

Toile. Rond. Diamètre 0 m. 85.

## LEBRUN (Madame),

Née à Paris.

65. — Portrait de Femme.

Toile. Haut. 0 m. 50, larg. 0 m. 37.

## LÉPICIÉ,

Né à Paris en 1705, mort en 1784.

65 *bis*. — Portrait d'une Femme inconnue.

Tableau ovale.

## MIGNARD (PIERRE),

Né à Troyes en 1610, mort en 1695.

66. — Portrait de la duchesse de Brissac, née Saint-Simon.

Toile. Ovale. Haut. 0 m. 70, larg. 0 m. 56.

## MIGNARD (PIERRE).

67. — La Vierge et l'Enfant-Jésus.

Toile. Ovale. Haut. 0 m. 80, larg. 0 m. 15.

## NATTIER (JEAN-MARC),

Né à Paris en 1685, mort en 1766.

68. — Portrait de femme.

Toile. Haut. 0 m. 90, larg. 0 m. 72.

## PATEL (PAUL),

Né en 1651, mort en 1703.

69. — Vue d'Italie.

Bois. Haut. 0 m. 32, larg. 0 m. 48.

## STELLA (JACQUES),

Né à Lyon en 1596, mort à Paris en 1657.

70. —

Une jeune femme entourée de ses enfants touche de l'orgue.

Toile. Haut. 0 m. 36, larg. 0 m. 27.

## SWEBACH-DESFONTAINES,

Né à Metz en 1769, mort en 1823.

71. — Combat de Cavalerie.

Bois. Haut. 0 m. 23, larg. 0 m. 31.

## TAUNAY (NICOLAS),

Né à Paris en 1759, mort en 1830.

72. — Vue du Tombeau de J.-J. Rousseau à Erme-
nonville.

Bois. Haut. 0 m. 12, larg. 0 m. 23.

## VALLIN.

73. — Tête de Bacchante.

Toile. Haut. 0 m. 41, larg. 0 m. 31.

## VERNET (JOSEPH),

Né en 1714, mort en 1789.

74. — Entrée d'un Port de mer.

Toile. Haut. 0 m. 15, larg. 0 m. 27.

## VERNET (JOSEPH).

75. — Site agreste.

Toile. Haut. 0 m. 29, larg. 0 m. 31.

# OUVRAGES RELATIFS AUX BEAUX-ARTS.

76. — *La Vie des Peintres flamands, allemands et hollandais,* par J.-B. DESCAMPS, avec le *Voyage en Flandre,* 5 vol. in-8°.

77. — *Abrégé de la Vie des plus fameux Peintres,* par d'ARGENVILLE, 4 vol. in-8°.

78. — *Histoire de la Peinture en Italie,* par LANZI, 5 vol. in-8°.

79. — *Abrégé de la Peinture en Italie,* par FRANCILLON, et figures, 1 vol. in-8".

80. — *École italienne,* par GAULT DE SAINT-GERMAIN, 1 vol. in-8°.

81. — *Idées italiennes sur les Tableaux,* par CONSTANTIN, 1 vol. in-8°.

82. — *Traité de la Connaissance des Tableaux,* par BURTIN, première édition, 2 vol. in-8°.

83. — *Histoire de la Peinture en Italie,* par STENDALL, 2 vol. in-8°.

84. — *Histoire de la Vie et des Ouvrages de Raphaël,* par QUATREMER DE QUINCY, 1 vol. in-8°.

85. — *Musée des Monuments français,* par LENOIR, 1 vol. in-8°.

86. — *Dictionnaire des Peintres espagnols,* par QUILLET, 1 vol. in-8°.

87. — *De la Manière de juger les Tableaux,* par LAUGIER, 1 vol. in-12.

88. — *Entretiens sur les Peintres,* par FÉLIBIEN, 5 vol. reliés en 3 vol. in-12.

89. — *Œuvres de COCHIN sur les Arts,* 3 vol. in-12.

90. — *Dictionnaire des Artistes,* par FONTENAY, 2 vol. in-12.

91. — *Vie des Peintres,* par DE PILES, 1 vol. in-12.

92. — *L'Art de peindre,* par WATELET, 1 vol. in-12.

Orléans, imp. d'A. JACOB.